AF390640

12 Décembre 1890

VENTE DU VENDREDI 12 DÉCEMBRE 1890

HOTEL DROUOT, SALLE Nº **4**

ARMES ANCIENNES

Armes blanches, Armes d'hast

ARMES A FEU

OBJETS VARIÉS

EXPOSITION PUBLIQUE

LE JEUDI 11 DÉCEMBRE 1890

De 1 heure à 5 heures 1|2

<table>
<tr><td>COMMISSAIRE-PRISEUR
Mᵉ P. CHEVALLIER
10, rue Grange-Batelière, 10</td><td>EXPERT
M. CH. MANNHEIM
7, rue Saint-Georges, 7.</td></tr>
</table>

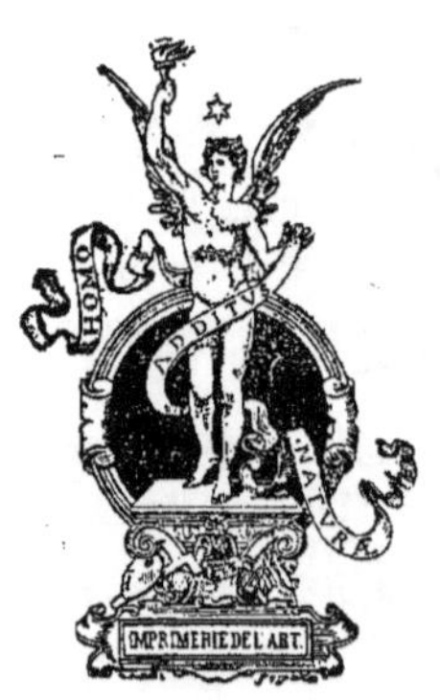
IMPRIMERIE DE L'ART.

CATALOGUE

DES

ARMES ANCIENNES

Armes blanches des XVIIe et XVIIIe siècles

ARMES D'HAST

ARQUEBUSES ET PISTOLETS

Objets variés, Livres

DONT LA VENTE AURA LIEU

HOTEL DROUOT, SALLE N° 4

Le Vendredi 12 Décembre 1890

A DEUX HEURES

Me PAUL CHEVALLIER	M. CHARLES MANNHEIM
COMMISSAIRE-PRISEUR	EXPERT
10, rue de la Grange-Batelière, 10	7, rue Saint-Georges, 7

EXPOSITION PUBLIQUE

Le Jeudi 11 Décembre 1890, de 1 heure à 5 heures 1/2

CONDITIONS DE LA VENTE

———

Elle sera faite au comptant.

Les acquéreurs payeront *cinq pour cent* en sus des adjudications, applicables aux frais de la vente.

L'exposition mettant le public à même de se rendre compte de l'état des objets, il ne sera admis aucune réclamation une fois l'adjudication prononcée.

Paris. — Imprimerie de l'Art, E. MÉNARD ET Cie, 41, rue de la Victoire.

DÉSIGNATION DES OBJETS

ARMES BLANCHES

1 — Rapière à poignée en bronze, à pommeau côtelé, nombreuses branches de garde, quillons droits et double coquille repercée; la lame est signée : *Zandona*. Espagne. XVIIe siècle.

2 — Épée de ville à pommeau ovoïde, branche de garde, fusée et double coquille en argent gravé et en partie doré à trophées et motifs rocaille; lame triangulaire ornée, au talon, de rinceaux gravés et dorés avec le nom du fourbisseur : *Kressmann à Bruxelles*; fourreau de cuir noir à garnitures d'argent. XVIIIe siècle.

3 — Petite épée d'enfant à pommeau ovoïde, branche de garde et double coquille en fer ornées de rinceaux et fleurettes argentés; talon de lame gravé à entrelacs; la fusée est entourée de cordelettes en argent. XVIIIe siècle.

4 — Petite épée d'enfant à pommeau ovoïde, branche de garde et double coquille en bronze; lame triangulaire. XVIIIe siècle.

5 — Épée de ville à pommeau ovoïde, branche de garde et double coquille en fer ornée, en léger relief, de bustes,

figures allégoriques et rinceaux sur fond doré ; lame gravée avec traces de dorure. XVIIIe siècle.

6 — Épée de ville à poignée analogue à la précédente, en fer, ornée, en léger relief, de trophées et motifs rocaille sur fond doré ; lame gravée et partiellement dorée à entrelacs et devise ; fourreau garni d'argent. XVIIIe siècle.

7 — Épée de ville à poignée analogue à la précédente, en fer, ornée, en léger relief de bustes et rinceaux sur fond doré ; lame gravée et partiellement dorée à trophées. XVIIIe siècle.

8 — Épée de ville à poignée analogue à la précédente, en fer, ornée de trophées et motifs rocaille en léger relief sur fond doré ; sur la lame triangulaire, l'adresse du fourbisseur : *A la Tête Noire, sur le pont Saint-Michel à Paris ;* fourreau garni de fer. XVIIIe siècle.

9 — Épée de ville à poignée analogue à la précédente, en fer, ornée de bustes dorés sur fond réservé et de quadrillages en léger relief ; fusée revêtue de fils d'argent ; lame gravée à rinceaux et devise. XVIIIe siècle.

10 — Épée de ville à poignée analogue à la précédente, en fer, ornée de trophées et de quadrillages dorés sur fond réservé, décoré de motifs rocaille ; lame gravée à trophées. XVIIIe siècle.

11 — Épée de ville à poignée analogue à la précédente, en fer partiellement doré et ajouré, à décor de trophées et de rinceaux rocaille ; lame triangulaire ornée, au talon, de motifs dorés sur fond bruni ; fourreau en peau de serpent. XVIIIe siècle.

12 — Épée de ville à poignée analogue à la précédente, en

fer, ornée de bustes et rinceaux argentés ; lame décorée, au talon, de figures et entrelacs gravés. xviiie siècle.

13 — Épée de ville à poignée analogue à la précédente, en fer, ornée de trophées, oiseaux, figures allégoriques et rinceaux argentés ; talon de la lame gravé à entrelacs. xviiie siècle.

14 — Épée de ville à poignée analogue à la précédente, en bronze ajouré, ornée, en bas-relief, de rinceaux et figures allégoriques ; entrelacs gravés sur le talon de la lame triangulaire. xviiie siècle.

15 — Épée de ville à poignée analogue à la précédente, en cuivre doré, ornée, en léger relief, de trophées, mascarons et cartouches rocaille ; lame triangulaire. xviiie siècle.

16 — Épée de ville à poignée analogue à la précédente, en acier ajouré sur la coquille, ornée de rinceaux rocaille ; talon de lame gravé à entrelacs et figures allégoriques. xviiie siècle.

17 — Épée de ville à poignée analogue à la précédente, en acier ajouré sur la coquille et la fusée, ornée de rinceaux fleuris ; la lame est signée : *Johannes Zechini.* xviiie siècle.

18 — Épée de ville à poignée analogue à la précédente, en acier ajouré, ornée de trophées et motifs rocaille ; lame triangulaire élargie au talon sur lequel sont gravés des soleils et des entrelacs. xviiie siècle.

19 — Épée de ville à poignée analogue à la précédente, en acier ajouré sur la coquille, ornée de bustes et rinceaux fleuris ; talon de lame gravé à entrelacs, oiseaux et devise latine. xviiie siècle.

20 — Épée de ville à poignée analogue à la précédente, en

acier uni ; lame triangulaire ; fourreau en peau de serpent avec crochet de suspension en acier. xviiie siècle.

21 — Épée de ville à poignée analogue à la précédente, en acier ajouré sur la coquille ; pommeau et branche de garde simulant une cordelette ; lame triangulaire à facettes sur une des arêtes. xviiie siècle.

22 — Épée de ville à poignée analogue à la précédente, en acier ajouré sur la coquille, aux armes du Dauphin.

23 — Épée de ville à poignée analogue à la précédente, en acier, ornée en léger relief de sujets de chasse ; lame triangulaire entièrement gravée à entrelacs et figures allégoriques.

24 — Épée de ville à pommeau et fusée d'acier côtelé et coquille repercée de trous. xviiie siècle.

25 — Épée à pommeau côtelé et branches de garde unies en acier ; sur la lame, devises latines gravées. xviiie siècle.

26 — Épée à pommeau, branches de garde et double coquille en acier ; coquille repercée ornée de bustes ; fusée à facettes entourée de fils métalliques.

27 — Épée à pommeau, branche de garde et double coquille en fer, ornés, en bas-relief, de rinceaux ; elle est accompagnée d'une dragonne en cuir.

28 — Couteau de chasse en fer à quillons courts, double coquille repercée et lame ornée de deux figures de soldats prussiens gravées. xviiie siècle.

29 — Épée à pommeau et double coquille en fer, ornés de palmettes.

30 — Rapière à pommeau, branches de garde, quillons et corbeille en acier gravé à mascarons.

31 — Épée de chasse à pommeau et quillons en acier; bustes gravés sur l'écusson,

32 — Épée de chasse à fusée de bois noir et quillons courts en acier quadrillé ; fourreau de cuir avec crochet de suspension.

33 — Épée à poignée de cuivre doré; la fusée et les quillons sont ornés d'inscriptions gothiques; large lame courte. Style du xve siècle.

34 — Deux mains gauches en fer, à quillons droits et large garde pleine; l'une gravée, l'autre avec tête de diable en bas-relief.

35 — Sabre à poignée d'acier uni avec branche de garde se divisant en deux, au moyen d'un ressort; sur la lame, les armes de France et les mots : *Vive le Roy*.

36 — Rapière à poignée en fer, à pommeau aplati, branche de garde à torsade, longs quillons droits et corbeille hémisphérique à bords renversés et ajourée à rinceaux.

37 — Rapière à poignée en fer; pommeau ajouré, longs quillons droits et corbeille hémisphérique ajourée, à bustes de guerriers et rinceaux. Lame signée : *Sebastian Ernandez*.

38 — Épée à poignée en fer; pommeau côtelé, quillons courts terminés en volutes et coquille ajourée.

39 — Épée à poignée en fer; pommeau uni, quillons droits et coquille unie à bords festonnés.

40 — Sabre japonais avec fourreau de bois laqué, poignée en peau de requin, garde en bronze.

41 — Petite dague en fer.

42 — Deux sabres birmans de forme légèrement recourbée, à fourreaux de bois garnis d'argent et de cuivre.

43 — Deux sabres laotiens de forme légèrement recourbée ; l'un, à poignée d'ivoire garnie de bas argent ; l'autre, à poignée de cuivre.

44 — Trois sabres à poignées de bois et d'ivoire avec garde en bronze et fourreaux en bois, garnis de bas argent ; l'un des fourreaux est incrusté de burgau. Travail de l'Indo-Chine.

45 — Trois poignards persans à manches d'ivoire et d'agate.

46 — Épée à deux mains, à poignée revêtue de cuir. XVIe siècle.

47 — Huit lames d'épées.

48 — Grand poignard persan à manche doré.

ARMES D'HAST ET PIÈCES D'ARMURES

49 — Deux demi-corsesques à fer gravé : chiffres couronnés et rinceaux.

50 — Deux pièces : porte-mèches de canonnier et fourche de mousquetaire. XVIIe siècle.

51 — Deux piques à fer gravé, à armoiries, devises et rinceaux. XVIIe siècle.

52 — Pique à fer gravé, à fleurettes avec traces de dorure. xviie siècle.

53 — Deux piques : l'une à fer uni, l'autre à fer gravé à motifs rocaille.

54 — Esponton à fer gravé, à trophées et entrelacs sur fond doré. xviie siècle,

55 — Petite hallebarde à fer gravé, à trophées et rinceaux. xviie siècle.

56 — Deux espontons à fer gravé, aux armes et chiffres d'électeurs de l'Empire. xviie siècle.

57 — Deux pièces : esponton et pertuisane à fer découpé et ajouré.

58 — Deux pièces : pertuisane à fer uni et pique à fer gravé, à armoiries et daté de 1704.

59 — Deux pièces : fer de hallebarde à pointe flamboyante, orné de deux soleils, xviie siècle, et fer de pertuisane.

60 — Casque à l'antique en fer gravé, à rinceaux et armoiries. xvie siècle.

61 — Morion en fer, orné de fleurs de lis en cuivre. xvie siècle.

62 à 64 — Trois cabassets en fer uni. xvie siècle.

65 — Bourguignotte en fer noirci. xviie siècle.

66 — Targe de duel, de forme rectangulaire, en fer noirci, munie de tringlettes brise-lames. Style du xvie siècle.

67 — Bannière rectangulaire en soie orangée : au centre, saint Pierre vu à mi-corps, brodé au passé, dans un encadrement lamé de métal.

ARMES A FEU

68 — Mousquet à rouet, à platine en fer gravé à sujets de chasse, crosse et fût de bois, avec sujets de chasse incrustés en bois de couleurs et canon à pans, daté de 1661. XVIIe siècle.

69 — Mousquet à rouet, à platine en fer et cuivre, rouet en bronze, crosse et fût de bois avec rinceaux incrustés en métal, et canon à pans, portant la date de 1681. XVIIe siècle.

70 — Deux pièces : mousquet à rouet et espingole à silex.

71 — Canon de pistolet en fer orné, près de la lumière, de rinceaux en léger relief sur fond doré. XVIIIe siècle.

72 — Deux canons de pistolet en fer ornés de trophées et rinceaux dorés, et signés : *Puyforçat, à Paris*. XVIIIe siècle.

73 — Deux pistolets à silex, à deux coups, à platines en fer gravé, à rinceaux ; elles sont, ainsi que les canons, placées de part et d'autre du fût ; pommeau garni de bas argent. Signés : *Soiron*. XVIIIe siècle.

74 — Deux pistolets à silex, à platine, canon et garniture de pommeau en fer gravé, à rinceaux. Signés : *le Rollandois, à Paris*. XVIIIe siècle.

75 — Deux pistolets à silex : le canon est orné de rinceaux dorés, et la garniture du pommeau est décorée de motifs rocaille en bas argent. XVIIIe siècle.

76 — Deux pistolets à silex, à deux coups ; les canons sont ornés de trophées et rinceaux gravés. XVIIIe siècle.

77 — Deux pistolets à silex ; le canon, orné de rinceaux dorés, est signé : *Roger, à Rennes* ; sur la platine, sujet de chasse gravé. XVIIIe siècle.

78 — Petit pistolet à silex ; le canon est signé : *Dally, à Paris*. XVIIIe siècle.

79 — Cinq pistolets à silex de différentes dimensions, dont deux à deux coups. XVIIIe siècle.

80 — Deux pistolets à percussion, à décor de style oriental, de rinceaux dorés ou incrustés.

81 — Deux longs fusils à silex : garnitures en fer à fleurettes. Ancien travail oriental.

OBJETS DIVERS

82 — *Code militaire,* par *De Briquet, 1734,* en 4 volumes in-12 ; reliure du temps, en cuir rouge doré.

83 — *Petit traitté touchant l'art militaire fait en l'année 1694 ;* 1 volume ; reliure du temps en cuir fauve doré.

84 — *L'Art militaire français pour l'infanterie, 1696 ;* 1 volume in-8°, orné de nombreuses gravures et relié.

85 — *L'Armée française, par Detaille ;* publication in-folio, en livraisons.

86 — Deux flambeaux à courte tige balustre, en bronze gravé, à rinceaux en partie argentés. Style vénitien.

87 — Six pièces en plaqué et étain : boîte, cafetière, deux pots à eau et deux boîtes à poudre.

88 — Nécessaire de toilette : ciseaux, rasoirs, flacon, etc., à poignées garnies d'argent ; écrin prismatique en cuir.

89 — Quatre coffrets en bois et cuir : l'un d'eux à rinceaux dorés.

90 — Lot de planches de graveur en cuivre.

91 — Lot de ceinturons.

92 — Lot de pièces de monnaie en argent et en bronze.

93 — Canne à épée.

94 — Lot d'amorçoirs, étriers, crochets de suspension, clefs de mousquets, éperons, etc.

95 — Lot d'entrées de serrure, balances et poids, pinces, couteaux, fourchettes, casse-noisettes, compas, etc.

96 — Lot d'appliques en bronze et fer.

97 — Tabernacle à deux portes en noyer, avec inscriptions dorées.

98 — Petit cabinet en bois incrusté de filets d'ivoire, à six tiroirs plaqués d'écaille.

99 — Deux bas-reliefs rectangulaires en albâtre et en pierre : sujets persans et de style assyrien.

100 — Sept pièces : six petites tasses en porcelaine du Japon et une assiette en faïence de Perse.

101 — Huit pièces brodées sur coton et canevas : deux petits tapis et six bandes. Travail persan.

102 — Petit tapis en satin jaune brodé à fleur et oiseaux. Travail persan.

103 — Petite veste de femme en velours rouge. Travail persan.

104 — Tapis en drap de Recht brodé à fleurs sur fonds rouge et noir.

105 — Mortier en bronze portant la date de 1581 et le nom de son fondeur.

106 — Ciboire sphérique surbaissé en cuivre, sur piédouche à nœud orné d'émaux peints. XVIe siècle.

107 — Médaillon ovale brodé au passé sur les deux faces : Tête de saint Jean-Baptiste ; cadre rectangulaire recouvert de fils métalliques, avec rinceaux lamés de métal.

108 — Cadran solaire en étain, portant la date de 1790 et des inscriptions.

109 — Deux bustes en bronze, petite nature : le général Foy et le prince Eugène. Socles en marbre.

110 — Horloge de table carrée en cuivre gravé : Figures allégoriques et draperies. Allemagne. XVIe siècle.

111 — Deux miniatures sur ivoire : Portraits de femme et de général. Cadres en bronze.

112 — Deux grattoirs à manche d'ivoire et lame gravée. XVIIe siècle.

113 — Six pièces en fer : serrures, pince, pincettes, etc.

114 — Huit pièces : deux petites plaques en ivoire, râpe à tabac, fragment de frise en bois sculpté, sonnette, boussole, étui à besicles et châtelaine en cuivre.

115 — Quatorze petits dessins, gravures coloriées, verres églomisés, etc.

116 — Petite lampe cylindrique en émail cloisonné de la Chine.

117 — Quatre pièces : fiole en agate grise, petite brosse à dessus d'émail peint, navette à encens en cuivre argenté, et cachet en graphite.

118 — Plaque rectangulaire en bronze : le Christ enseignant. Style byzantin.

119 — Cinq pièces : crosse d'évêque en cuivre, trois cadres en cuivre et éventail en os.

120 — Sept pièces : bossettes, bouton, armoirie en cuivre et plaquette en fonte.

121 — Cinq pièces en porcelaine bleue.

122 — Six pièces en verre : sucrier, buire et burettes.

123 — Coffret rectangulaire en fer.

124 — Sept pièces en fer et fonte de fer : fragments de rampes, de balcons et d'escaliers, et borne.

125 — Coffre rectangulaire en bois.

126 — Glace dans un cadre en bois sculpté peint en vert.

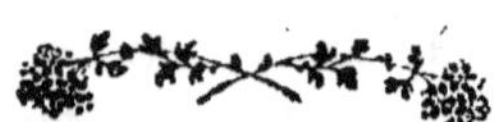